Natalja Fischer

# Shakespeares Sonette. Eine Analyse epochenspezifischer Übersetzungen

GRIN Verlag

**Bibliografische Information der Deutschen Nationalbibliothek:**

Die Deutsche Bibliothek verzeichnet diese Publikation in der Deutschen National-
bibliografie; detaillierte bibliografische Daten sind im Internet über http://dnb.d-
nb.de/ abrufbar.

**Impressum:**

Copyright © 2012 GRIN Verlag GmbH
Druck und Bindung: Books on Demand GmbH, Norderstedt Germany
ISBN: 978-3-656-65704-0

**Dieses Buch bei GRIN:**

http://www.grin.com/de/e-book/273507/shakespeares-sonette-eine-analyse-epo-
chenspezifischer-uebersetzungen

**GRIN - Your knowledge has value**

Der GRIN Verlag publiziert seit 1998 wissenschaftliche Arbeiten von Studenten, Hochschullehrern und anderen Akademikern als eBook und gedrucktes Buch. Die Verlagswebsite www.grin.com ist die ideale Plattform zur Veröffentlichung von Hausarbeiten, Abschlussarbeiten, wissenschaftlichen Aufsätzen, Dissertationen und Fachbüchern.

**Besuchen Sie uns im Internet:**

http://www.grin.com/

http://www.facebook.com/grincom

http://www.twitter.com/grin_com

Leuphana Universität Lüneburg

Seminar: Literature and Translation

Abgabe: 30. März 2012

**Shakespeares Sonette**

**Eine Analyse epochenspezifischer Übersetzungen**

Vorgelegt von Natalja Fischer,

Studiengebiet: Kulturwissenschaften

# Inhaltsverzeichnis

# 1 Einführung

## 1.1 Einleitung und These

William Shakespeares Sonette gelten mittlerweile als literaturwissenschaftliche Spezialdisziplin. Die berühmten Gedichte werfen eine Vielzahl an Fragen auf und sind Gegenstand diverser Diskussionen in der Sekundärliteratur.[1] Auch wurde kein anderes Werk so oft und so kontinuierlich ins Deutsche übertragen.[2] Dieser Umstand macht die Gedichte zu einem besonders interessantem Gegenstand im Feld übersetzungstheoretischer Forschung, was auch der Ausgangspunkt dieser Arbeit ist:

Im Folgenden möchte ich mich auf eine vergleichende Analyse ausgewählter deutscher Sonettübersetzungen konzentrieren, ohne jedoch wichtige Erkenntnisse der Literatur-wissenschaft zu übergehen. Zunächst sollen daher in einer allgemeinen Einführung Inhalt, Entstehungskontext und die wichtigsten Theorien zu den Gedichten dargelegt werden. Besondere Beachtung wird hierbei dem Sonett 18 gewidmet, welches ich als Gegenstand für die spätere Übersetzugsanalyse ausgewählt habe.

Der zweite Teil dieser Arbeit widmet sich dann den Übersetzungen. Um diese systematisch analysieren zu können, soll zunächst eine passende Theorie vorgestellt werden. Hierzu habe ich das 'Äquivalenz Paradigma' ausgewählt, denn unter dieses fallen mehrere verschiedene Ansätze (wortwörtliche Äquivalenz, formale Äquivalenz, funktionale Äquivalenz), was eine gute Basis für einen Vergleich schafft. Anhand dieser Theorie sollen dann drei ausgewählten Übersetzungen des Sonett 18 analysiert und verglichen werden. Da die ausgewählten Übersetzungen aus drei verschiedenen Jahrhunderten stammen, sollen die Ergebnisse auch jeweils in den Kontext derzeitiger Übersetzungspraxen eingeordnet werden. Hierbei ist davon auszugehen, dass jede Epoche andere Vorstellungen davon hatte, wie eine gelungene Übersetzung auszusehen hat: Soll die Wortwahl des Original möglichst erhalten bleiben oder sind Melodie und Klang von größerer Wichtigkeit? Kommt es auf den Inhalt an oder vielmehr darauf, die Intention des Autors und die emotionale Wirkung in der Übersetzung zu transportieren? Die These die hier überprüft werden soll lautet folgendermaßen:

*Übersetzer stellen epochenspezifisch unterschiedliche übersetzungstheoretische Ansprüche an ihre Sonettübertragung.*

Abschließend soll im Fazit eine Zusammenfassung der Ergebnisse erfolgen und eine persönliche Einschätzung in Bezug auf die verschiedenen Übersetzungen gegeben werden.

---

[1] Vgl. Borgmeier 2011, S. 201
[2] Vgl. Horstmann 2002, S. 2

## 1.2 Shakespeares Sonette

> „Ich kann mich noch erinnern, dass Shakespeares Sonette, als ich sie vor vielen Jahren zum ersten Mal las, unmittelbar eine faszinierende Wirkung ausübten. Die Lebendigkeit der Gedichte, ihre direkte menschliche Ansprache, das Zusammenwirken von existentieller Problematik, Reflexion der Lebenswirklichkeit und gedanklicher Tiefe werden auch für die Leser der Gegenwart und der Zukunft bedeutsam bleiben.“[3]

„Shakespeares Sonette“ (eng. Shakespeare's Sonnets) ist ein Gedichtband, der insgesamt 154 Sonette enthält und zu den größten Werken der englischen Literatur gezählt wird. Man geht davon aus, dass die meisten Gedichte um 1580 entstanden sind, erstmals veröffentlicht wurden sie aber erst 1609 durch den Drucker Thomas Thorpe.[4] In diesem ersten Band findet sich auch die berühmte rätselhafte Widmung: „To the onlie begetter of these insving sonnets Mr. W. H.“. Bis heute ist es ein Geheimnis, wer diese Person war, an die sich die heute weltbekannten Gedichte richteten.[5]

Thema der Sonette ist die emotionale und gedankliche Auseinandersetzung mit der Liebe, die sich dabei aber nicht auf ein einzelnes Liebeskonzept reduzieren lässt: Die Gedichte handeln sowohl von der großen heterosexuellen Leidenschaft als auch von Männerliebe, Liebe zwischen Eltern und Kind oder von komplizierten Dreiecks- oder Vierecksbeziehungen.[6] Wie Jürgen Klein in seinem Standartwerk zum Thema treffend zusammenfasst: „Es geht in den Sonetten um Liebe in allen Höhen und Tiefen - und in der letzten Konsequenz um ein Vordringen zu ihrem wechselhaften, unfasslichen und mysteriösen Wesen.“[7]

Die vorkommenden Figuren (der Dichter, der Freund, die Dame, der Dichterrivale) sind dabei mehrschichtige und wandlungsfähige Charaktere, komplex und unberechenbar. Es ist nicht bewiesen aber anzunehmen, dass die Figuren realen Personen aus Shakespeares Leben nachempfunden sind.[8]

Besonders bewundert werden die Sonette neben der ausdrucksvollen Sprache wegen ihrer Zeitlosigkeit und Allgemeingültigkeit. Die mittlerweile über 400 Jahre alten Gedichte haben an Aktualität nichts eingebüßt. So schreibt Jürgen Klein: „Die Lebendigkeit der Sonette kann nur andeuten, dass die Gedanken und Leidenschaften, ja die Verstrickungen und Irrungen, wie sie in den Sonetten ihren Ausdruck finden, auch heute noch die *condition humaine* treffen.“[9]

---

[3] Klein 2002, S. 6
[4] Vgl. ebd., S. 14 f.
[5] Vgl. Callaghan 2007, S. 4
[6] Vgl. Klein 2002, S. 12 f.
[7] Ebd., S. 13
[8] Vgl. ebd., S. 16 ff.
[9] Ebd., S. 8

## 1.3 Das Sonett 18

Die ersten 126 Sonette bilden eine inhaltlich zusammenhängende Gruppe, die sich mit der Liebe zu einem jungen Mann aristokratischer Herkunft auseinandersetzt. Ungeklärt und umstritten ist, inwieweit es sich um ein platonisches oder sexuelles Liebesverhältnis handelt.[10] Im Laufe der Gedichte kommt es zu Untreue, Vorwürfen und Versöhnungen und schlussendlich zum Zerwürfnis.[11] Das wohl berühmteste Gedicht in dieser Reihe ist das Sonett 18, in welchem der Dichter die Gefühle für den Freund in Worte zu fassen sucht:

> Shall I compare thee to a summer's day?
> Thou art more lovely and more temperate:
> Rough winds do shake the darling buds of May,
> Ans summer's lease hath all too short a date.
> Sometime too hot the eye of heaven shines,
> And often is his gold complexion dimmed;
> And every fair from fair sometime declines,
> By chance or nature's changing course untrimmed;
> But thy eternal summer shall not fade
> Nor lose possession of that fair thou ow'st;
> Nor shall Death brag thou wander'st in his shade
> When in eternal lines to time thou grow'st.
> So long as men can breathe or eyes can see,
> So long lives this, and this gives life to thee.[12]

Das Gedicht folgt dem Aufbau eines klassischen englischen Sonetts: Es bestehet aus drei Quartetten (vierzeilig) und einem darauffolgenden Couplet (zweizeilig), wobei die ersten beiden Quartette stets eine Frage stellen oder ein Problem offenbaren und das dritte Quartett und das Couplet darauf eine Lösung zu finden oder eine Antwort zu geben suchen.[13] Die 14 Zeilen sind dabei nach dem Reimschema abab cdcd efef gg angeordnet.

Im Sonett 18 thematisiert der Dichter das Problem der Vergänglichkeit. Das erste Quartett beschreibt die Schönheit und Vollkommenheit des Freundes, die jene Schönheit eines Sommertages übersteige, denn diese sei vergänglich. Im zweiten Quartett macht der Dichter erneut auf die Unvollkommenheit der Natur aufmerksam, denn jene sei unstetig und unsicher. Darauffolgend setzt der Dichter im dritten Quartett der unvollkommenen Natur den „ewigen Sommer" (eternal summer) des Freundes entgegen: Dieser solle niemals verblassen, denn er sei in den „ewigen Zeilen" (eternal lines) des Gedichtes verewigt. Das Couplet unterstreicht dies noch einmal: So lange Menschen das Gedicht lesen, wird es dem geliebten Freund Leben verleihen.[14] Insgesamt wird also beschrieben, wie das Problem der Vergänglichkeit durch die

---

[10] Vgl. Klein 2002, S. 23 ff.
[11] Vgl. ebd., S. 16
[12] William Shakespeares Sonett 18 zit. n. Klein 2002, S. 19
[13] Vgl. Borgmeier 2011, S. 210
[14] Vgl. Klein 2002, S. 66

Dichtkunst besiegt werden kann. Denn diese könne Schönheit in ihren Zeilen einfangen und auf immer verewigen. Hierdurch wird auch die Beziehung zwischen dem Dichter und dem Freund auf eine höhere Stufe gehoben.[15]

## 2 Übersetzung

### 2.1 Übersetzung ins Deutsche

Kaum ein anderes Werk der Weltliteratur wurde so oft ins Deutsche übertragen wie Shakespeares Sonette: Mittlerweile gibt es an die vierzig Gesamtübersetzungen, in denen jeweils alle Gedichte enthalten sind. Einige einzelne Gedicht, unter ihnen das Sonett 18, wurden aber noch weitaus öfter übersetzt.[16] Eine besonders herausragende „klassische Übersetzung", so wie es die bekannten Schlegel-Tieck-Übersetzungen für Shakespeares Dramen darstellen, gibt es unter den Sonett-Übersetzungen allerdings nicht. Die große Vielfalt der Übersetzungen zeigt stattdessen die unterschiedlichen Ansätze und Meinungen zur Gedichtsübersetzung und oft ist eine Frage persönlicher Präferenz, inwiefern eine Übertragung gelungen ist. Im Folgenden wird eine Theorie vorgestellt, die diese verschiedenen Ansätze spiegelt. Anhand dieser Theorie werden die Übersetzungen dann systematisch analysiert und verglichen.

### 2.2 Das Äquivalenz Paradigma

Das Äquivalenz Paradigma (eng. equivalence paradigm) ist ein durch die Übersetzungswissenschaften geprägter Term und beschreibt zunächst die Annahme, dass der Wert einer Sprache überhaupt in eine Andere übertragbar ist: „The idea [is] that what we say in one language can have the same value (the same worth or function) when it is translated into another language. The relation between the source text and the [target text] is then one of equivalence ("equal value")."[17] Der Term **source text** beschreibt dabei den Originaltext, den es zu übersetzten gilt, während der Term **target text** die Übersetzung beschreibt. Diese beiden Terme werden in dieser Arbeit weiterhin in ihrer Originalsprache Verwendung finden. In Bezug auf das beschriebene Äquivalenz Paradigma gibt es nun mehrere Unterteilungen, denn Äquivalenz kann in Bezug auf unterschiedliche Aspekte erreicht werden:

1. Eine **formale Äquivalenz** ist beispielsweise dann erreicht, wenn der äußere Aufbau des source text erhalten wird. Die Anzahl der Worte bleibt hier also erhalten, genauso

---

[15] Vgl. ebd., S. 66 f.
[16] Vgl. Borgmeier 2011, S. 214
[17] Pym 2010, S. 6

wie mögliche Reimschemata: „the [equivalent] value is on the level of form [when] two words are translated by two words."[18]

2. Eine **funktionale Äquivalenz** ist hingegen erreicht, wenn eine gleiche oder ähnliche kulturelle Funktion übermittelt wird, die Sinnstruktur des source text also beibehalten wird (genauso wie mögliche Leseassoziationen). In einigen Kulturen ist beispielsweise nicht 'Freitag der 13te' ein Unglückstag, sondern 'Dienstag der 13te'. 'Freitag' muss im Sinne der funktionalen Äquivalenz also mit 'Dienstag' übersetzt werden.[19]

3. Zuletzt ist noch jene Äquivalenz einzuführen, die einen Text mit möglichst getreuem Vokabular zu übersetzen versucht und nur sekundär Rücksicht auf Reimschemata oder kulturelle Deutungsweisen nimmt. Von Eugene Nida wurde dies als 'formal equivalence' bezeichnet.[20] Da der Term in dieser Arbeit aber bereits anderweitig verwendet ist, soll es stattdessen als **wortwörtliche Äquivalenz** eingeführt werden.

Bei der Betrachtung von Gedichtsübersetzungen lassen sich die verschiedenen Ausprägungen der Äquivalenztheorie besonders deutlich erkennen, da sich die drei Ansätze oft ausschließen: Man könnte die englischen Sonette im Sinne der wortwörtlichen Theorie übersetzen, aber die Sinnentsprechungen bilden im target text in den meisten Fällen keinen Reim. Der Übersetzer hat nun die Möglichkeit - im Sinne der formalen Äquivalenz - die Reihenfolge der Worte innerhalb der Zeile zu verändern oder Synonyme zu suchen, um die Reimform beizubehalten. Nun besteht aber die Gefahr, sich von Bedeutung und Sinnstruktur des Originaltextes zu entfernen.[21] Würde man wiederum auf diese mehr Wert legen und gemäß der funktionalen Äquivalenz übersetzen, so geht im Umkehrschluss die formale Äquivalenz wieder verloren und auch die Wortwörtlichkeit ist nicht mehr gewährleistet. In diesem Zusammenhang ist auch das größere Volumen der deutschen Sprache von Bedeutung, denn um den gleiche Satz auszudrücken bedarf es im Deutschen oftmals mehr Silben als im Englischen. Um die typische Melodie der Sonettform mit zehn oder elf Silben pro Zeile beizubehalten, muss oft reduziert werden, wodurch sich ein ähnliches Problem ergibt wie bei dem Reimschema.[22]

Im Folgenden soll nun verglichen werden, welchen dieser Ansätze die Übersetzer für ihre Übertragung des Sonett 18 jeweils gewählt haben und wie dies umgesetzt wurde.

---

[18] Pym 2010, S. 8
[19] Vgl. ebd., S. 8
[20] Vgl. ebd., S. 8
[21] Vgl. Borgmeier 2011, S. 216
[22] Vgl. ebd., S. 217

## 2.3 Vergleichende Analyse

Für die Analyse wurden drei Übersetzungen ausgewählt, die jeweils exemplarisch für ihre Epoche stehen: Eschenburg von 1778, Bodenstedt von 1866 und George von 1909. Dieses Kapitel soll sich nicht auf eine werkimmanente Analyse beschränken, sondern die Übersetzungen auch jeweils in ihren Entstehungskontext einbetten. Auf diese Weise wird zugleich in die übersetzungsgeschichtliche Dimension eingeführt.

### 2.3.1 Übersetzung Johann Joachim Eschenburg (1787)

Die erste deutsche Übersetzung der Sonette ließ lange auf sich warten. Erst im Jahre 1787 wurde ein Teil der Sonette in deutscher Fassung von Johann Joachim Eschenburg veröffentlicht, der zuvor bereits einige von Shakespeares Dramen übertragen hatte. 56 Gedichte hatte Eschenburg in seinem Handbuch 'Ueber W. Shakespeare' aufgenommen.[23] Eschenburg hatte - wie die meisten englischen Kritiker jener Zeit - keine besonders hohe Meinung von Shakespeares Gedichten als solchen. Die Übersetzungen dienten ihm zu rein wissenschaftlichen Zwecken in Bezug auf die biografische Shakespeare-Forschung, weshalb sich Eschenburg für die schlichte Form der Prosaübersetzung entschied:[24]

> „Soll ich dich mit einem Sommertage vergleichen?
> Nein, du bist noch lieblicher und gemäßigter.
> Rauhe Winde schütteln die Lieblingsknospen des May's,
> und die Frist des Sommers ist von allzu kurzer Dauer.
> Zuweilen scheint das Auge des Himmels zu heiß;
> Und oft wird sein goldnes Antlitz umdämmert.
> Jede Schönheit verliert einmal etwas von ihrer Schöne;
> Und wird durch Zufall, oder durch den wandelbaren Naturlauf enthellt.
> Dein ewiger Sommer aber wird nicht verblühen,
> noch den Reiz, der dir eigen ist, verlieren:
> Auch wird sich der Tod nicht damit rühmen, daß du in seinem Schatten wandelst,
> wenn du deine Fortdauer durch ewige Geschlechter verlängerst.
> So lange Menschen athmen, und Augen sehen,
> so lange wirst du dann leben."[25]

Es zeigt sich eine Übersetzung ganz im Sinne der wortwörtlichen Äquivalenz, welche die einzelnen Worte sehr exakt überträgt. So sind beispielsweise die englischen Ausdrücke 'temperate', 'darling buds', 'complexion' oder 'nature's changing course'' im Vergleich mit den anderen Übersetzungen am treffendsten übersetzt worden. Bei genauerer Betrachtung erkennt man jedoch eine starke Abweichung vom Original in der zwölften Zeile. Im Originaltext ist dort „When in eternal lines to time thou grow'st" zu lesen. Bei Eschenburg ist

---

[23] Vgl. Borgmeier 2011, S. 218
[24] Vgl. ebd., S. 218 f.
[25] Eschenburg 1787, S. 581

'eternal lines' aber statt mit 'ewige Zeilen' mit 'ewige Geschlechter' übersetzt. In Hinblick auf die ansonsten so genaue Übertragung ist es kaum anzunehmen, dass hier ein Versehen vorliegt. Es scheint als habe Eschenburg hier absichtlich den Sinn des Sonetts ändern wollen: Die Schönheit wird in nun nicht mehr durch die Dichtkunst bewahrt, sondern durch die Familie, durch Kinder (durch das 'ewige Geschlecht').

Bis auf diese Ausnahme ist aber die genaue Übertragung des Inhalts Eschenburgs Maxime und spiegelt damit das rationalistisch geprägte Übersetzungsverständnis des 18. Jahrhunderts.[26] Ob diese eine adäquate Form der Übersetzung darstellt ist fraglich, denn ein in Prosa übertragenes Sonett ist eben keines mehr (keine formale Äquivalenz) und verliert somit auch seine Wirkung auf den Leser (keine funktionale Äquivalenz).[27]

Dennoch muss man Eschenburgs Übersetzung zwei Dinge zu Gute halten: Zum einen wurden die Sonette dadurch erstmals den deutschen Lesern vorgestellt und zum anderen präsentierte er seine Übersetzungen in zweisprachiger Gegenüberstellung (das englische Original ist jeweils unter der Übersetzung abgedruckt). Somit wird an den Leser appelliert, sich auch mit dem Original auseinander zu setzen und macht den Anspruch deutlich, „kein deutsches Äquivalent sein [zu wollen], sondern eine Art Lesehilfe zum Verständnis des Originals. Und diesem Anspruch wird die Übersetzung auch gerecht."[28]

## 2.3.2 Übersetzung Friedrich Bodenstedt (1866)

Nach Eschenburg versuchten eine Reihe weiterer Übersetzer die Sonette ins Deutsche zu übertragen ohne dabei auf die Versform zu verzichten. Zu den bekannteren Werken gehören jene von Kannegießer (1803), Lachmann (1820), oder Richter (1836). Trotz der Variationen, die sie vornahmen, um die Versform beizubehalten, zeichnet sie ihre Originalnähe aus.[29]

Ab der zweiten Hälfte des 19. Jahrhunderts stellte sich dann aber ein Tiefpunkt deutscher Übersetzungsgeschichte ein.[30] Die Theorien der Romantik wurden in stark veräußerlichter Form übernommen: Weiterhin wurden Shakespeares Gedichte als biographische Offenbarung gesehen, die auch nur diesbezüglich interessant erschienen: „Die Übersetzer [lehnten] es regelrecht ab, die Gedichte möglichst dem Original getreu zu übersetzen, sondern wollten ihren Lesern den Inhalt >schön< und glatt und möglichst bei der ersten Lektüre verständlich präsentieren."[31] Vor diesem Hintergrund entstand auch die Übersetzung Bodenstedts:

---

[26] Vgl. Horstmann 2002, S. 39
[27] Vgl. ebd., S. 46
[28] Ebd., S. 55
[29] Vgl. Borgmeier 2011, S. 219 ff.
[30] Vgl. ebd., S. 221
[31] Ebd., S. 221

Soll ich Dich einem Sommertag vergleichen?
Nein, Du bist lieblicher und frischer weit -
Durch Maienblüthen rauhe Winde streichen
Und kurz nur währt des Sommers Herrlichkeit.
Zu feurig oft läßt er sein Auge glühen,
Oft auch verhüllt sich seine goldne Spur,
Und seiner Schönheit Fülle muß verblühen
Im nimmerruh'nden Wechsel der Natur.
Nie aber soll Dein ewiger Sommer schwinden,
Die Zeit wird Deiner Schönheit nicht verderblich,
Nie soll des neidischen Todes Blick Dich finden,
Denn fort lebst Du in meinem Lied unsterblich.
So lange Menschen athmen, Augen sehn,
Wirst Du, wie mein Gesang, nicht untergehn.[32]

Vor allem im Vergleich mit Eschenburgs wörtlicher Übersetzung wird deutlich, wie weit Bodenstedt vom Original abweicht. Anhand einiger ausgewählter Beispiele soll die folgende Auflistung dies im direkten Vergleich verdeutlichen.

| Original | Eschenburg | Bodenstedt |
|---|---|---|
| temperate | gemäßigter | frischer |
| shake | schütteln | streichen |
| Darling buds of May | Lieblingsknospen des May's, | Maienblüthen |
| summer's lease | Frist des Sommers | des Sommers Herrlichkeit |
| Sometime too hot the eye of heaven shines | Zuweilen scheint das Auge des Himmels zu heiß | Zu feurig oft läßt er sein Auge glühen |
| gold complexion | goldnes Antlitz | goldne Spur |
| decline | verlieren | verblühen |
| Nor shall Death brag thou wander'st in his shade | Auch wird sich der Tod nicht damit rühmen, daß du in seinem Schatten wandelst | Nie soll des neidischen Todes Blick Dich finden, |

Neben diesen Änderungen des Wortlauts wurden außerdem Teile des Gedichts gar nicht übersetzt. So heißt es in Zeile acht des Originals „By chance or nature's changing course". In Bodenstedts Übersetzung wurde der Zufall (‚by chance') ausgeklammert und es heißt lediglich „Im nimmerruh'nden Wechsel der Natur." Dadurch verändert sich auch der Sinn und Bodenstedt schafft insgesamt eine Übertragung rein formaler Art, die sich zwar schön lesen lässt aber wortwörtliche und funktionale Äquivalenz verliert. Bodenstedt selbst sagte über seine Übersetzung: „Meine Absicht war nicht, ein photographisches Abbild der englischen Sonette zu liefern, sondern sie deutsch nachzudichten, so dass sie auch in dieser neuen Gestalt Kennern wie Laien reinen poetischen Genuß gewähren möchte."[33] Inwieweit diese 'Nachdichtung' noch mit dem Original in Verbindung gebracht werden kann, ist strittig.

---

[32] Vgl. URL: http://www.deutsche-liebeslyrik.de/europaische_liebeslyrik/shakespeare/shakespeare_18.htm
[33] Borgmeier 2011, S. 221

9

### 2.3.3 Stefan George (1909)

Nach der Ära romantischer Umdichtungen war George der erste, der sich wieder um mehr Nähe zum Original bemühte.[34] In der Einleitung zu seinen Sonettübersetzungen kritisiert er, dass die vorangegangen Übersetzungen vielmehr 'stumpfe Stilübungen' seien, die darüber den wahren Gehalt von Shakespeares Gedichten verkannten.[35] Dieser wahre Gehalt bestehe vielmehr in der „Anbetung vor der Schönheit und de[m] glühende[n] Verewigungsdrang" sowie der „weltschaffenden Kraft der übergeschlechtlichen Liebe."[36] Georges Übersetzung kämpft daher um jedes Sinnelement des Originals:

> Soll ich vergleichen einem sommertage
> Dich der du lieblicher und milder bist?
> Des maien teure knospen drehn im schlage
> Des sturms und allzukurz ist sommers frist.
> Des himmels aug scheint manchmal bis zum brennen ·
> Trägt goldne farbe die sich oft verliert ·
> Jed schön will sich vom schönen manchmal trennen
> Durch zufall oder wechsels lauf entziert.
> Doch soll dein ewiger sommer nie ermatten:
> Dein schönes sei vor dem verlust gefeit.
> Nie prahle Tod · du gingst in seinem schatten . .
> In ewigen reimen ragst du in die zeit.
> Solang als menschen atmen · augen sehn
> Wird dies und du der darin lebt bestehn.[37]

Die Besonderheiten der Schreibweise und Zeichensetzung sind nicht zeitbedingt, sondern von George als Ausdrucksmittel benutzt worden.[38] Anstatt zu glätten und zu vereinfachen, mutet George seinen Lesern wieder mehr zu als die Romantiker zuvor.[39] Oft wurde George daher Unverständlichkeit vorgeworfen.[40] Zwar stimmt es, dass Sätze wie „In ewigen reimen ragst du in die Zeit" (George) zwar nicht auf Anhieb so verständlich wie „Denn fort lebst du in meinem Lied unsterblich" (Bodenstedt), aber darauf lässt sich erwidern, dass auch das Original sich nicht durch Einfachheit auszeichnet („When in eternal lines to time thou grow'st") und George diesem somit viel näher kommt als Bodenstedt.

Mit besonderer Bedachtheit darauf, die funktionale Äquivalenz zu sichern, stellte Georges Übersetzung einen revolutionären Wendepunkt der Übersetzungsgeschichte dar. Bis heute ist seine Arbeit eine der am meisten umstrittensten Übersetzungen, die entweder mit uneingeschränkten Beifall oder strikter Ablehnung bedacht wird.[41]

---

[34] Vgl. Borgmeier 2011, S. 222
[35] Vgl. George 1909, S. 5
[36] Ebd., S. 5
[37] Ebd., S. 24
[38] Vgl. Borgmeier 2011, S. 160
[39] Vgl. ebd., S. 222
[40] Vgl. ebd.
[41] Vgl. ebd.

## 3 Fazit

Die in der Einleitung formulierte These„ hat sich bestätigt: Wie im vorigen dargestellt, entwickelten sich über die Jahrhunderte verschiedene übersetzungstheoretische Ansätze, die jeweils andere Qualitäten der Sonette zu übertragen versuchten. Eschenburgs schlichte Prosaübersetzung ist ein Paradebeispiel wortwörtlicher Äquivalenz, Bodenstedts Nachdichtung versucht die formale Äquivalenz zu sichern und George stellt sich in die Tradition funktionaler Äquivalenz indem er die Überlieferung von Sinn und Gehalt an erster Stelle sieht.

Natürlich gibt es auch Zwischenstufen und ganz andere Ansätze und die hier vorgestellten Beispiele geben nur einen ersten Einblick in die Übersetzungsgeschichte der Sonette. So orientieren sich moderne Übersetzungen beispielsweise stärker an den Erkenntnissen der Fachwissenschaft und schlagen zum Teil eine neue Anordnung der Sonettreihenfolge vor.[42] Welche dieser Methoden nun die „Richtige" ist, ist kaum zu beantworten. Die Sonette zeichnet ihre Wortwahl, ihre poetische Form und ihr Sinn und Inhalt gleichermaßen aus und worauf der Fokus bei einer Übersetzung zu legen ist, ist eine Frage subjektiver Präferenzen.

Meine persönliche Einschätzung in Bezug auf die verschiedenen Ansätze zieht die Übersetzung Georges vor, da diese den 'Geist' des Sonetts überliefert. Das Streben nach Unsterblichkeit und ewiger Schönheit durch die Dichtkunst arbeitet George in einer Weise heraus, die dem Original sehr nahe kommt. Diesen Sinn zu wahren sollte meiner persönlichen Einschätzung nach an Stelle stehen, denn was nützt Wortwörtlichkeit und poetische Sprache wenn die Essenz des Texts dabei verloren geht?

Auch in Zukunft werden sich Unzählige an der Übersetzung der Sonette versuchen und sich dabei immer wieder auf andere Grundsätze berufen. Wahrscheinlich wird es keine endgültige Übersetzung geben, sondern vielmehr einen immerwährenden Diskurs in den Übersetzungswissenschaften. Ein Nachteil ist dies nicht, denn so ist gesichert dass die Gedichte auch weitere Jahrhunderte Gegenstand der Diskussion bleiben und darüber nicht in Vergessenheit geraten werden - ganz im Sinne des Autors, denn so ragt die Schönheit des Adressaten „in ewigen Reimen in die Zeit."

---

[42] Vgl. Borgmeier 2011, S. 223

# 4 Literaturverzeichnis

- Borgmeier, Raimund: Zum Verständnis von Shakespeares Sonetten, in: William Shakespeare. The Sonnets. Die Sonette, hrsg. v. Raimund Borgmeier, Stuttgart 2011, S. 201-224.

- Callaghan, Dympna: Shakespeare's Sonnets, Oxford 2007.

- Eschenburg, Johann Joachim: Ueber W. Shakespeare, Zürich 1787.

- George, Stefan: Shakespeare Sonette. Umdichtung, Berlin 1909.

- Horstmann, Gesa: Shakespeares Sonette in Deutschland. Zur Geschichte der Übersetzungen zwischen dem 18. Jahrhundert und den Übertragungen von Stefan George und Karl Kraus, unv. Diss., Technische Universität Berlin 2002.

- Klein, Jürgen: My love is a fever. Eine Lektüre von Shakespeares Sonetten, München 2002.

- Pym, Anthony: Natural Equivalence, Directional Equivalence, in: Exploring Translation Theories, hrsg. v. Anthony Pym, New York 2010, S. 6-42.

- URL: http://www.deutsche-liebeslyrik.de/europaische_liebeslyrik/shakespeare/shakespeare_18.htm (28.03.2012)

Lightning Source UK Ltd.
Milton Keynes UK
UKIC012250220520
363743UK00010B/66